Péhégninon O. Koigny Zion

Histoire d'une vie en rêve

Péhégninon O. Koigny Zion

Histoire d'une vie en rêve

Rêve & Réalité

Éditions Croix du Salut

Impressum / Mentions légales

Bibliografische Information der Deutschen Nationalbibliothek: Die Deutsche Nationalbibliothek verzeichnet diese Publikation in der Deutschen Nationalbibliografie; detaillierte bibliografische Daten sind im Internet über http://dnb.d-nb.de abrufbar.

Alle in diesem Buch genannten Marken und Produktnamen unterliegen warenzeichen-, marken- oder patentrechtlichem Schutz bzw. sind Warenzeichen oder eingetragene Warenzeichen der jeweiligen Inhaber. Die Wiedergabe von Marken, Produktnamen, Gebrauchsnamen, Handelsnamen, Warenbezeichnungen u.s.w. in diesem Werk berechtigt auch ohne besondere Kennzeichnung nicht zu der Annahme, dass solche Namen im Sinne der Warenzeichen- und Markenschutzgesetzgebung als frei zu betrachten wären und daher von jedermann benutzt werden dürften.

Information bibliographique publiée par la Deutsche Nationalbibliothek: La Deutsche Nationalbibliothek inscrit cette publication à la Deutsche Nationalbibliografie; des données bibliographiques détaillées sont disponibles sur internet à l'adresse http://dnb.d-nb.de.

Toutes marques et noms de produits mentionnés dans ce livre demeurent sous la protection des marques, des marques déposées et des brevets, et sont des marques ou des marques déposées de leurs détenteurs respectifs. L'utilisation des marques, noms de produits, noms communs, noms commerciaux, descriptions de produits, etc, même sans qu'ils soient mentionnés de façon particulière dans ce livre ne signifie en aucune façon que ces noms peuvent être utilisés sans restriction à l'égard de la législation pour la protection des marques et des marques déposées et pourraient donc être utilisés par quiconque.

Coverbild / Photo de couverture: www.ingimage.com

Verlag / Editeur:
Éditions Croix du Salut
ist ein Imprint der / est une marque déposée de
OmniScriptum GmbH & Co. KG
Heinrich-Böcking-Str. 6-8, 66121 Saarbrücken, Deutschland / Allemagne
Email: info@editions-croix.com

Herstellung: siehe letzte Seite /
Impression: voir la dernière page
ISBN: 978-3-8416-9940-4

Copyright / Droit d'auteur © 2015 OmniScriptum GmbH & Co. KG
Alle Rechte vorbehalten. / Tous droits réservés. Saarbrücken 2015

DEDICACE

Je dédie ce livre à l'Eternel Dieu, le Seigneur des armées, infiniment grand et Tout-Puissant, Créateur du ciel et de la terre… Celui qui peut tout faire au-delà de ce qu'on lui demande. A lui soient la louange, l'honneur et la gloire au siècle des siècles. Amen!

REMERCIEMENTS

Je remercie tous ceux qui de loin ou de près m'ont apporté une aide de tout genre, en vue de l'édition de ce ouvrage. Puisse Dieu Tout-Puissant, dans sa grande miséricorde, vous bénir et vous combler de bénédictions en toutes circonstances. Avec Dieu, tout est possible; et avec lui, nous ferons des exploits...

INTRODUCTION

Les plus belles histoires se racontent toujours. Cette histoire vraie que je m'apprête à vous raconter, est celle d'une fille solitaire dont le nom est Bonheur. C'est une fille timide et d'une certaine noblesse. Bonheur vit ses jours entre rêve et réalité. Avec le temps, les histoires se succèdent à la chaine. Je n'y avais pas prêté attention. Car elle m'était autrefois voilée par le sombre souvenir qui accablait ma vie de narratrice. J'avais été contrainte par la peur d'enfouir dans l'oubli toutes ces révélations merveilleuses. Et aujourd'hui, ces histoires sont pour Bonheur et moi une grâce de Dieu. Autrement c'est "LA GRACE" qui guérit toutes grâces. Une merveille incroyable provenant d'une source intarissable, la source de vie. Il m'a fallu des années pour comprendre que ces histoires renferment des richesses. Ces richesses sont comme un trésor enfoui dans le tréfonds de son cœur. En un mot, une histoire est une richesse, et une richesse un trésor pour une meilleure vie. Ces histoires contenues dans cet ouvrage de récit sont ses aventures entre le rêve et la réalité. Bonheur me charge de vous les raconter. Et je serai très ravie de passer ces moments de lecture avec vous.

PREMIERE PARTIE : RÊVE

SEULE AU MONDE

Réveillée en sursaut et en pleine nuit, Bonheur s'était rendue compte que son monde à elle s'effondrait sous le coup des guerres et des bruits de guerre. Bonheur se leva et se mit à chercher ses proches sans succès. Il y avait partout de la fumée et du gaz qui intoxiquaient l'air. Il faisait encore nuit. Et les gens couraient de partout dans le désarroi. Bonheur cherchait toujours mais personne. Aucune connaissance comme s'ils s'étaient tous volatilisés. Aucun parent, aucune connaissance et aucun ami, elle les avait tous perdus. Oui c'était comme fini pour elle. Plus personne avec qui elle allait rire un jour ni jouer. C'était fini, elle les avait tous perdus et pour toujours. Elle pleurait ; et elle avait peur. Elle s'était assise un moment, la tête baissée. Réfléchissant sur son sort, quand elle s'était aperçue qu'il n'y avait plus de bruits, plus de bruits de guerre, de pleurs, de mouvement sur la terre. Elle leva la tête, il n'y avait vraiment plus personne sur la terre des vivants. Elle était seule, oui maintenant toute seule. On n'en discutait pas parce que c'était le vide et le calme absolus. Que lui arrivait-il ? Pourquoi ce vide ? Pourquoi ce silence ? Elle ne comprenait rien à rien. Elle était tout simplement étonnée. Elle avait peur mais que faire ou quoi risquer s'il n'y avait rien autour de toi et que tu te trouves seul dans un monde. Un vide comme si on était sur une planète, sans vie et sans espoir. Qu'allait-elle attendre encore si ce n'était que sa mort prochaine ? Mais Dieu avait un plan pour elle et elle l'ignorait encore. Dans tout ce remue-ménage, ce désordre et ce vide, Bonheur avait une chose qu'elle tenait en main qui lui était très cher. Plus cher que de l'or ou des pierres précieuses dans ce monde perdu et évaporé. Elle tenait la Bible qui contenait les véritables paroles de Dieu, son Père, ses consignes et ses richesses. Elle serrait la Bible contre sa poitrine. Dans ce vide sombre, sans vie et sans espoir, une lumière jaillit du ciel, éclairant là où elle était assise avec son trésor. Tout à coup survint du noir un vent sombre semblable à de la fumée, un esprit, c'était le diable. Il voulait lui voler la Bible. Les deux se sont mis à lutter pour cette Bible. La lutte du diable, était de la lui voler et ensuite la jeter loin de Bonheur. Alors que la lutte de Bonheur était seulement et simplement, tout ce qui lui restait de la vie et de plus cher. Le diable finit par lui voler la Bible et en compensation, lui proposa une autre bible. Cette bible était falsifiée et légère. Elle était légère comme du papier alors que son apparence ressemblait à une véritable Bible. Bonheur reconnut immédiatement la différence. En prenant la bible proposé par le diable, elle la pesa et n'en trouva aucune satisfaction. Elle prit le livre et le rejeta au visage du diable (qui avait un sourire moqueur) et refusait de s'allier avec lui. Elle insista qu'il redonne sa Bible car elle est la véritable parole de Dieu. Quand elle lança le livre au visage du diable, il s'est enfui loin de Bonheur parce qu'elle avait dévoilé son jeu mesquin. Bonheur, de nouveau dans le calme, demanda à Dieu de lui trouver la Bible car elle n'avait que cette Bible qui lui faisait tant de bien. Et Dieu retrouva la Bible et il la lui donna. Or cette lumière était la présence glorieuse de Papa Dieu qui veillait sur Bonheur. Il lui disait qu'elle n'était pas seule au monde. Et qu'il serait tous les jours avec elle. Bonheur serra la Bible contre sa poitrine et la lumière resta allumée sur elle car cette lumière venue du ciel ne s'éteindra jamais tant que l'Eternel Dieu sera son Dieu et son secours…

Matthieu 24V35

LE MARATHON

Habillée en vêtement blanc pur semblable à une robe de chambre, Bonheur se trouva à un endroit inconnu. Cet endroit était sombre et si effrayant. Elle se mit à regarder tout autour d'elle, il n'y avait rien d'impressionnant. C'est comme si elle s'était retrouvée au milieu de nulle part de la nuit. Téléportée dans la forêt sur un chemin qui menait à une grande maison dont elle ignorait encore son existence. Elle était si loin de sa maison habituelle. Elle n'avait plus d'autre choix que de retrouver son chemin dans la forêt noire, sans la présence de la lune et des étoiles. Ne sachant quoi faire, elle se mit à prier au fond d'elle afin d'implorer un secours divin. Elle n'avait aucune direction à savoir celui de l'arrière ou celui de l'avant. Seulement qu'un fin rayon d'éclat de lumière pour la conduire mais où exactement ? Tout à coup, apparu dans l'air un esprit prenant une forme comme l'image d'une vapeur. Elle pouvait voir le visage de l'esprit dans le vent animé d'une colère et d'une rage accrues. Quand elle l'a aperçu, elle se rendit compte que c'était un mauvais esprit qui lui voulait du mal. Alors elle s'était relevée du sol où elle s'était assise pour prier dans le calme. Elle s'était mise à courir de toutes ses forces afin d'échapper à cet esprit mauvais dans le vent. Ce vent, elle ignore d'où il venait. Elle reconnaît que le vent de son Dieu et Père est doux et différent. Celui de son ennemi était très violent. Il était en rage contre elle. Epuisée et retombée sur ses genoux, elle se mit à prier. Quand elle priait, ce mauvais vent reculait loin d'elle. Elle se releva de nouveau et se mit à courir jusqu'à ce qu'elle s'agenouille pour prier, et respirer d'un bon coup d'air pur qui fit du bien à son cœur. Et chaque fois, c'était le même scenario qui se répétait. Elle ne s'était pas rendue compte que sa prière faisait fuir le mauvais vent. Essoufflée, elle tomba pour la dernière fois ; après avoir encore prié, elle leva la tête, et elle aperçut devant elle, à quelques mètres de là, un très grand portail en fer très lourd et indescriptible, car il n'en existe pas encore aujourd'hui. Ce portail était gardé par deux grands et solides hommes arrêtés comme des soldats avec des armes semblables à de très grandes flèches. Bonheur paraissait comme une fourmi devant ce décor. Elle se leva d'un bond et se mit à courir avec toute son énergie pour pouvoir franchir le seuil de ce portail ; car c'est en ce lieu que se trouvaient son repos et son secours. Avec toutes ses forces et le diable à ses trousses, elle parvint à franchir le seuil du portail. Arrêtée pour regarder en arrière, elle s'est aperçue que le diable ne pouvait pas entrer grâce à la présence des gardiens qui seuls gardaient le portail du grand domaine. Mais ils laissaient entrer en ce lieu, tous ceux qui avaient besoin d'aide et de secours. Ce lieu était le domaine de Papa Dieu, l'Eternel Dieu de Gloire. Ce domaine était très vaste. L'air en cet endroit était pur, doux et paisible. Il n'y avait plus de peurs et de tourments… Son étonnement fut très grand. Elle oubliait que son vêtement blanc était déchiré et un peu sale à cause de la course. Mais elle était très bien en point devant ces merveilles qui l'entouraient… Elle marchait librement le long du chemin dans le domaine qui mène à la maison. En cet endroit, tous ceux qui y entraient, étaient libres, déchargés de tous fardeaux, libres et vraiment libres. Libres de courir, de rire, de toucher des fleurs. Libres comme dans la maison d'un protecteur, d'un roi où l'enfant du roi est libre de tout faire dans son palais. Elle contemplait sans jamais se lasser en avançant dans la paix et la joie au cœur. Plus de souci ni d'inquiétudes car le diable était loin et même très loin d'elle. Elle allait là où le véritable vent la conduisait… Oh ! Elle était en paix et dans le repos. Elle ne cessa de marcher sur ce chemin qui la conduisait à la maison. Elle était pour l'instant que dans le jardin du domaine. Ce domaine, je vous le dis est grand. Et il faut une éternité pour contempler ce beau et merveilleux jardin. Elle n'était pas pressée parce qu'elle savait que l'Eternel Dieu l'attendait. Elle avait le sentiment d'entendre Papa Dieu lui dire qu'elle était désormais chez elle. Oui, chez elle… où tout est beau et il fait beau…

Psaumes 23

1 Pierre 5 v 8

1 Pierre 2 v 25

LE VOYAGE INHABITUEL

Assise devant la maison de ses parents, Bonheur devait effectuer un voyage dont elle ne savait ni la destination et ne connaissait ni son compagnon de marche. Elle savait que ce compagnon était une parente si proche en qui elle avait confiance peu importe la destination finale. Derrière elle, étaient installés de très grandes baffes à sonorisation très forte dont elle ne saurait le décrire avec ses mots. Ces baffes émettaient du bruit des chansons de ce monde. Mais Bonheur ne se préoccupait pas de tous ces bruits car ce qui l'intéressait, était son voyage et elle y tenait. Lorsqu'elle vît son compagnon arriver, elle prit ses bagages. A tel point que je me demandais si elle partait pour un long séjour. Ce compagnon ne l'aidait pas à transporter ses bagages et ne se préoccupait pas de tout ça. Or, il n'avait rien comme bagage. Les deux voyageurs en route, devraient traverser une forêt après avoir quitté la ville avec ses bruits. Avec ses bagages pesants, elle parcourait le chemin derrière son compagnon. Elle ne prenait pas la peine de regarder son compagnon à cause du poids de son bagage. Il n'y avait pas de conversation entre eux. Le premier conduisait et orientait, et l'autre ne faisait que suivre les instructions et les exécuter. Toujours dans la forêt, Bonheur qui marchait confiante derrière son compagnon ne se rendait pas compte que son bagage diminuait peu à peu. Si elle était moins préoccupée par son fardeau, elle commencerait à voir l'aspect de son compagnon de marche. Voilà une passerelle qu'il faut à tout prix traverser. Cette passerelle se présente de la sorte : c'est une sorte de grand et vaste caniveau indescriptible soutenu par une planche de bois sur laquelle doivent passer toutes personnes pour se rendre à l'autre bord. Ce caniveau était très profond et quand on y tombe, on n'en revient plus à cause de la distance et des ténèbres en son sein. A voir cette planche et ce caniveau, fait penser à une fourmi sur une brindille de balai traversant un caniveau réel. Je vous laisse imaginer car ce tableau est indescriptible. Voilà ! Le compagnon passa sans problème car il était doux, léger et sans bagage. Bonheur se mit à traverser, ayant parcouru le tiers de la planche, elle regarda vers le bas pour voir ce qui en était vraiment. Quand elle vit ce trou profond et effrayant, elle retomba sur ses bagages au point de départ de la planche et non dans le trou comme prévu pour les voyageurs distraits. Ces bagages lui avaient servi de coussins et amorti le choc. Mais de tout ça, Bonheur avait son regard fixé sur son compagnon et ce depuis la traversée. Ne sachant comment faire pour se relever, un jeune homme sorti soudain de la forêt lui prêta main forte. Une fois relevée et les yeux toujours fixé sur son compagnon, Bonheur s'attendait à une consolation de son compagnon. Et son compagnon lui renda bien par un sourire qui l'encourageait. Chose demandée en pensée, chose exaucée physiquement. Relevée, Bonheur ne s'était pas rendue compte de la disparition de son bagage, ce fardeau pesant. Elle se réjouissait du sourire de son compagnon. Confiante et souriante, Bonheur traversa la passerelle sans difficulté. Elle avançait avec assurance vers son compagnon qui l'attendait. Arrivée à son niveau, les deux amis marchaient à pas rapprochés. C'est alors que Bonheur se rendit compte que son fardeau était enlevé et son bagage tombé. Elle aperçut son compagnon tel qu'il était en réalité. Il était doux, beau et souriant ; et son vêtement était d'un blanc pur. Avançant à pas rapprochés de son compagnon, son aspect à elle changeait aussi et tendait à ressembler à celui de son compagnon de marche. Souriant tous les deux maintenant, main dans la main, Bonheur pouvait enfin voir l'éclat et l'amitié de son compagnon de voyage. Les deux amis arrivés au lieu du rendez-vous où devait attendre le véritable moyen de transport pour les conduire chez l'Ami fidèle. Cette nouvelle voie menant à l'arrêt de transport, était grande et propre que je ne pourrais la décrire avec mes mots. Elle n'était pas vraiment fréquentée. Bonheur était enfin heureuse que son voyage inhabituel soit son voyage le plus merveilleux de sa vie avec le bon berger.

Jean 10 v 1-16.

1 Jean 3 v 2.

LES CONVERSATIONS INHABITUELLES

Revenant toute joyeuse de chez ses compagnons de veille, mon amie Bonheur m'expliqua sa conversation avec ses gardiens célestes, les anges de l'Eternel Dieu. Et elle me raconta que depuis un certain moment, elle leur rendait des visites pendant que nous étions encore endormis. Et chaque fois qu'elle revenait de ses causeries inhabituelles, elle était toute contente et même heureuse. Elle me raconta que le premier jour où ses rencontres ont commencé, ils étaient tous à un lieu de joie. Après la causerie, elle demandait à prendre congés d'eux. Elle revint avec un verset *« Garde ton cœur plus que toute autre chose, car de lui viennent les sources de la vie »*. Elle le reçut d'eux comme une instruction. La raison de ce verset est très évidente. Le Seigneur Dieu aimerait que son cœur soit pur pour qu'elle puisse, un jour, le voir. Mais le cœur de Bonheur était très mauvais à cause des coups de la vie. Dans son cœur, il y avait des mauvaises pensées et des choses souillées et beaucoup d'œuvres de la chair... Il fallait que Bonheur garde son cœur comme un trésor afin d'éviter que le voleur s'en empare. Il fallait aussi qu'elle comprenne que son cœur est comme un terrain, un lieu d'habitation ou une adresse pour le Seigneur Dieu. Revenue à la vie normale, Bonheur n'avait vraiment pas compris comment fallait garder son cœur ? Elle traversa des moments plus difficiles à tel point qu'elle minimisa les moments joyeux de son existence. Elle s'était enfoncée dans la colère et autres choses qui la détruisaient de jour en jour et aussi sa relation avec Dieu. Derrière ce film sombre de sa vie qui l'éloignait de Dieu, elle connut aussi des moments forts riches en joie et en paix. Sa joie et sa paix ainsi que sa foi se teignaient souvent dans la peur et se présentaient comme des dents de scie. Finalement elle parvint à trouver le moyen de garder son cœur contre toutes ces choses-là. La lumière a rejailli dans son cœur quand elle commença à pardonner le tort, à abandonner ces mauvaises choses et à marcher selon l'instruction qui lui avait été donnée. Bonheur comprit son erreur et sa poursuite du vent. Elle comprit alors que ses efforts ne pouvaient pas la délivrer de ce lourd et sombre cauchemar dont elle était victime. Il fallait simplement pardonner et libérer son cœur pour que vienne s'installer la paix de Dieu. Cette paix ne vient que par la connaissance du rhema de la parole de Dieu. La parole éclaire le chemin, change le mensonge en vérité, et fait sortir une personne du camp de la mort vers le camp de la vie. Une parole qui nous montre comment réellement aimer selon le plan divin. C'est celui d'aimer son prochain et ne pas avoir d'ennemi qui est la meilleure forme de sanctification et d'aimer Dieu. Oh la grâce abondante de Dieu a jailli dans son cœur comme un torrent afin de briser toutes les barrières qui l'entouraient. Oh que c'était merveilleux de voir Bonheur à nouveau revivre et de se réjouir tout le temps de la présence de Dieu sans se soucier du lendemain. Après ce premier compte rendu, il y eut d'autres rencontres simples, le temps que Bonheur puisse mieux mettre en pratique ce verset. Un jour passa, puis une semaine, puis un mois, puis une année, puis des années… J'avais par la suite rencontré Bonheur qui s'apprêtait à me raconter une autre aventure de ses conversations. Et cette fois-ci après la réunion, Bonheur revint avec « *la parabole du semeur* ». Afin de prendre garde à la manière dont elle écoutait. Car c'était important pour le Seigneur que Bonheur comprenne la parole de Dieu pour les apprécier et y prêter attention. En vérité la parole de Dieu est sa véritable pensée. Bonheur ne savait pas vraiment écouter. C'était là son problème. Car si elle voulait aller loin avec le Seigneur, elle devait d'abord apprendre à écouter comme un enfant obéissant, prêter attention à la parole de Dieu et s'y soumettre par l'obéissance. Ce problème l'amenait très souvent au découragement, à la déception et à la solitude parce qu'elle n'était pas vraiment enracinée dans la semence. Et son cas était celui de l'oiseau qui mangeait la semence qu'elle recevait. Bonheur se mit à réfléchir sur sa situation et sa position d'enfant de Dieu. Car la Bible déclare que *« celui qui est de Dieu écoute sa parole »*. Bonheur savait qu'elle était enfant de Dieu. Elle comprit alors que l'ange de Dieu lui transmettait directement le message de Dieu son Père. Elle se mit à prier et se repentir ainsi que implorer la grâce de Dieu pour son âme et de sa manière de considérer la parole de Dieu. Car ce sont les véritables pensées de Dieu. Elles avaient été inspirées par Dieu aux hommes. Elle changea sa conception des choses et s'attacha à nouveau à la parole de Dieu avec diligence et crainte. Elle comprit que Papa Dieu l'aimait et voulait son bien-être à tout égard. Par la méditation quotidienne de la parole de Dieu, Bonheur se rapprocha de lui et de ses conseils. La parole de Dieu rend sage celui qui est sans intelligence. Sa parole rend excellent celui qui était médiocre et fort celui qui était faible… Un mois après, elle revint me voir et me dit qu'elle avait reçu un autre verset lors d'une autre rencontre. Puisqu'elle comprit que c'était des messages de Papa Dieu, elle analysa sa vie en méditant sur ce verset : *« Si vous savez ces choses, vous êtes heureux pourvu que vous les pratiquiez »*. Elle se posa des questions afin de pouvoir comprendre le sens et la venue de ce verset. Oh ! Elle finissait par comprendre la portée de ce verset. Il y avait encore des choses dans le cœur de Bonheur qui encombraient ou étouffaient sa totale joie dans le Seigneur Dieu. Oui elle comprit. Elle comprit enfin que c'était la grâce de Dieu sur sa vie. Il lui fallait seulement prêter attention à ce que Papa Dieu dit et écouter sa douce et merveilleuse voix. Grande fut la joie de Bonheur. Car Papa Dieu l'aimait et lui conservait sa bonté. Bonheur me dit encore que si je voulais écrire toutes ses rencontres, on n'en finira pas. Car il lui parle très souvent en songe mais aussi de plusieurs manières : en pensée, par inspiration, par des sentiments, par des amis et connaissances, par des dirigeants et guides de tout ordre, même par sa création toute entière selon qu'il le désire tendrement. Loué soit Dieu !

Proverbe 4v23

Matthieu 5 v 8

Matthieu 5v44-45

Luc 8v4-18

Jean 13v17

ANGES ET DEMONS

Présence et Présence

Réveillée en sursaut, Bonheur se sentait tirée vers le bas dans un gouffre interminable et très sombre par des êtres étranges et d'une puanteur horrible. Bonheur se sentait tirée dans les ténèbres comme jetée dans le vide. Ce fut une chute libre comme étant placé dans les airs vers les nuages et jeté dans le vide sur la terre. Je vous laisse l'imaginer. Bonheur n'avait pas de forces pour s'en défaire. Tout ce qu'elle pouvait faire c'était de crier de toutes ses forces. Elle criait sans s'arrêter. Il y en avait beaucoup et ils étaient acharnés contre elle. Il n'y avait en ce lieu aucune présence de vie humaine. Tout était sombre. Il faisait nuit ou noir. Et Bonheur ne savait réellement la raison de leur haine et de leur acharnement. Tout ce qu'elle savait c'est qu'ils ressemblaient à des démons, les anges déchus de Satan... Le gouffre dans lequel elle descendait était si profond et en tant qu'être humain, on n'en revenait jamais. En ce lieu personne de chez les vivants ne pourrait l'entendre et croire revenir à la vie normale. Sans secours, elle était perdue et sans espoir. Elle avait peur, une très grande peur. C'est comme si la peur l'étouffait, l'angoisse l'envahissait, la terreur la saisissait. Elle avait si peur du reste. Du fond du gouffre qui n'avait pas de fin, Bonheur pouvait voir l'entrée d'où elle était descendue et qui se présentait désormais comme la seule sortie. Cette distance était semblable à celle *du sein d'Abraham et du séjour des morts autrement la parabole du mauvais riche et du pauvre Lazard.* Ce gouffre était très profond qu'on ne pouvait le mesurer avec des mesures d'homme. Les cris de Bonheur étaient interminables mais ne semblaient pas gêner ni effrayer ces êtres là. C'était plutôt la joie d'une conquête qu'on pouvait ressentir dans leurs ricanements. Toujours tirée vers le bas, Bonheur ne comprenait pas pourquoi cette chose lui arrivait et ne comprenait rien à tout ça. Qui viendra la sauver ? Elle était comme une misérable au milieu d'eux. Qui viendrait pour la délivrer ? Elle se mit à crier au secours de toutes ses forces en regardant vers le haut. Car elle se disait que son secours viendrait du haut. Elle ferma les yeux et se demanda si cela prendra fin ou si c'était un rêve ou un cauchemar. Tout était sombre et tout allait si vite dans le vide sans jamais arriver à sa fin. Bonheur se remit alors à crier de toutes ses forces, mais cette fois, je crois qu'elle cria le nom de « Jésus » sans s'en rendre compte. Et voilà que survenait du haut du trou, un ange de lumière, venu tel qu'un éclair. Il arracha Bonheur des mains de ses ravisseurs démoniaques. Comme un clin d'œil, le secours fut rapide et instantané. A une vitesse qui dépasse la compréhension humaine. Les démons n'avaient pu rien faire pour la retenir ni pour la réclamer. Les anges de Dieu, l'armée céleste étaient déjà positionnés. Et ils avaient été mandatés pour la secourir. Un secours dont elle ne s'y imaginait pas. Enfin une personne avait entendu sa voix. Une personne majestueuse qui l'aimait et qui voulait son bien. Bonheur sortit du gouffre et se retrouva à un endroit merveilleux, un jardin merveilleux d'un éclat glorieux. Il y avait une lumière éblouissante et environnante. Une paix en cet endroit qui la conduisait dans le véritable repos. Il y avait ici une présence de vie. Bonheur n'avait plus peur et n'était plus triste ni inquiète. Elle était plutôt joyeuse et en paix. Son cœur était dans la joie et dans la paix. Il y avait en cet endroit un jardin merveilleux et une atmosphère qui régnaient. Oui Bonheur se trouvait dans le jardin où tout était beau et faisait bon vivre. Là, elle ne craignait plus rien. Je voyais encore Bonheur aspirer et inspirer l'air pure de tout son cœur, de toute son âme, de toute sa pensée et de toute sa force. Toute émerveillée, Bonheur continua à contempler ce beau jardin. Ce jardin, elle ne saurait le décrire avec ses propres mots ou ses mots d'humain. Belle fut la visite de Bonheur qui lui faisait oublier immédiatement l'instant d'avant, car l'instant d'après était bien merveilleux. Là, elle pouvait sentir le parfum des fleurs, admirer la beauté du tableau peint que l'ange de lumière lui présentait. Elle pouvait voir et ressentir la douceur de la rosée qui couvait tout le jardin. Cette atmosphère restaurante, lui faisait assez de bien. Oh c'était tout simplement merveilleux. Telle fut son aventure ce jour-là...

Luc 16v26

Romain 10v13

LA VISION DE L'AIGLE

Endormie pour se reposer un instant de toute la dure journée de jeu qu'elle avait eu, Bonheur se voyait élevée dans les airs. Elle n'avait que douze ans. Elle s'élevait dans les airs avec une grande personne habillée en blanc pur. Dans les airs et au-dessus de la terre, elle pouvait voir la terre à travers les nuages dans le ciel. Arrivée en ce lieu, c'était comme si elle recevait des instructions sur sa mission future. Cette mission ne s'exécutera seulement qu'au temps fixé par Papa Dieu qu'elle ne connaissait pas encore. Cette personne lui donnait des instructions en lui pointant du doigt des indications. En réalité elle n'avait aucune idée de ce genre de voyage. Elle savait que Papa Dieu existait mais ne l'avait pas encore rencontré personnellement. Elle savait qu'il vivait au ciel et elle sur la terre. C'était une très grande distance pour elle car même en avion, elle n'arriverait jamais à y parvenir. Depuis Bonheur a toujours voulu visiter le ciel. Et tout ce qu'elle entendait à travers des chants et cantiques adressés à Papa Dieu, elle voulait les vivre. Elle rêvait à yeux ouverts très souvent et chantait pour remplir son cœur d'enfant vide d'émotions. Bref, Bonheur parcourait les airs et observait du haut des cieux, une multitude de personnes sans guide et sans direction, rassemblées sur la terre. Ces gens étaient de toutes les couleurs du monde. Regroupés en un endroit, ne sachant quoi faire et où aller. Ils étaient stationnés là comme dans un grand stade. Moi je ne comprenais pas grande chose en ce temps-là ; mais Bonheur semblait comprendre les instructions déjà à cet âge-là. Elle esquissa sa tête pour confirmer les dires de son interlocuteur comme un enfant sage et obéissant. La visite terminée, Bonheur prit clairement conscience à partir de cet instant et de ce jour, qu'elle était chaque jour escortée par un ange du Seigneur Dieu qui veillait, veille et veillera toujours sur elle. Et elle ne douta pas de cette présence, de la protection spéciale du Seigneur Dieu des armées.

...

Lors d'une prière de groupe, Bonheur s'était vue élevée dans les airs dans une vision. Au-dessus de la terre et dans les airs, Bonheur regardait à travers les nuages et voyait ce qu'on lui montrait. Elle vit un troupeau de brebis tout blanc dans de verts pâturages, encerclé par une haie de bois. Les brebis paissaient là dans la tranquillité et le calme. Elle ne s'inquiétait de rien. Et Bonheur s'était immédiatement souvenue du verset : « *L'Eternel est mon berger, je ne manquerai de rien. Il me fait reposer dans de verts pâturages… »*. Oui l'Eternel est notre berger et nous ne manquerons de rien. Du haut des cieux, l'Eternel regarde son peuple. Son regard est certain… C'est lui qui prend en charge tous ceux qui lui appartiennent et tous ceux qui le cherchent d'un cœur sincère. Car la Bible ne dit-elle pas d'avoir recours à l'Eternel et à son appui, et de chercher continuellement sa face ? Oui, du haut de sa demeure l'Eternel observe sur la terre et il surveille son troupeau qu'il chérit. Et cette surveillance est assurée par les anges de Dieu, son armée. Et les brebis représentent les enfants de Dieu…

Psaumes 23 v 1-2

LE CATALOGUE D'UNE VIE EN REVE

Il était si important pour Bonheur, de garder son cœur plus que toute autre chose, car de lui viennent les sources de la vie. D'après une pensée positive, il est préférable qu'une personne puisse porter ses regards vers l'intérieur plutôt que l'extérieur. A l'intérieur de soi se trouve une source de vie, une véritable source intarissable. Mais le regard porté vers l'extérieur nous transforme selon le modèle du monde. Et à l'issue de cette découverte, Bonheur put s'ouvrir à l'intelligence universelle. Cette intelligence était enracinée en elle depuis la fondation des temps. Ce qui lui permit de découvrir le but de son existence présenté comme dans un catalogue. Comme un catalogue magique, toutes ses richesses enfouies étaient présentes devant elle. Le créateur y avait déposé un trésor qu'elle se devait de le découvrir, puis de le comprendre et enfin de le considérer comme tel. C'était sa vie en rêve depuis son existence. Dans ce catalogue, j'ai vu un peu de tout de sa vie (spirituelle, personnelle, professionnelle, relationnelle etc.). Et toutes ces choses sont présentées dans ce livre en or. Oh comme c'est génial ! Et Bonheur retrouve sa sérénité et sa confiance en Dieu devant ce tableau merveilleux qu'est son avenir. Ce regard n'est rien d'autre que les yeux de Bonheur sur les richesses enfouies dans son cœur. Ce sont les sources de la vie qui embellissent son existence. C'est son secret, son trésor caché.

Proverbe 4v23

Jérémie 29v11

Esaïe 45v2-3

J'ai vu :

J'ai vu mon amie Bonheur qui avait un si joli vase. Elle me présenta son vase qu'on venait de lui offrir. Ce vase était très beau. Ce vase était en porcelaine d'une couleur blanche très pure. Il était très lisse et doux au touché. Il était décoré par des dessins semblables à des fleurs d'une couleur rouge sang. Ce vase était posé sur une table. Ce vase était très beau. Il était propre dedans et propre dehors. Il contenait de l'eau limpide et pure. Cette eau remplissait d'une manière miraculeuse ce vase jusqu'au bord et ne pouvait cesser d'être plein. Cette eau débordait jusqu'à couler tout le long de la table, de la table jusqu'au sol et du sol jusque dans les rues. Et cette eau se transforma à un ruisseau et ce vase comme une source. Ce ruisseau se mit à couler tout le long de la forêt et à nourrir les racines des arbres. Les feuillages de ces arbres étaient verdoyants et les oiseaux de toutes espèces venaient s'y abriter. Et les animaux venaient s'abreuver à cette source. Comme le psalmiste le dit: *« Il (Dieu) conduit les sources dans des torrents qui coulent entre les montagnes. Elles abreuvent tous les animaux des champs ; les ânes sauvages y étanchent leur soif. Les oiseaux du ciel habitent sur leurs bords, et font résonner leur voix parmi les rameaux ».*

Psaumes 104v10-12

Proverbe 4v23

...

J'ai vu mon amie Bonheur en route pour un voyage de mission. Arrivée en ville, elle s'était dirigée dans un quartier, et tenant dans sa main un petit sac. Dans sa main gauche, il y avait beaucoup d'argent qui se comptait en milliers de billets de banque. Ce colis, elle devait le déposer à un endroit ou lieu nommé « VOP ». C'était la seule indication. Elle était déterminée à déposer ce colis car c'était sa mission. De lieu en lieu, de rencontre en rencontre, de bouche à oreille, elle parcourait les chemins à la recherche de ce lieu « VOP ». Elle rencontra enfin un jeune homme qui décida de lui venir en aide. Ils allaient tous deux à la recherche de « VOP ». Sur le chemin, ils trouvaient un groupe de jeunes gens attroupé pour une sortie d'évangélisation. Ceux-là n'ont pu leur apporter l'aide qu'ils attendaient. Son jeune compagnon venait de ce groupe. Dans leur quête, il leur a été montré un endroit nommé « VP » qui ressemblait à une maison simple et peu intéressante. Devant ce lieu, elle s'était posée tant de questions sur cette mission. Mais au moment de laisser ce colis, elle s'était rendue compte que ce n'était pas l'endroit car l'indication ne correspondait pas. Ce petit camarade semblait le reconnaitre après orientation. De loin, ils pouvaient lire sur la grande clôture de ce grand domaine l'indication « VOP ». Descendant la pente qui mène à ce domaine, ils s'arrêtèrent un instant devant la clôture pour observer et se rejouir de leur conquête. Mais mon amie Bonheur restait dans l'étonnement. Son compagnon ne pouvait pas attendre et se précipita dans le domaine par le petit portail. Quand Bonheur se décida enfin à entrer, elle fit quelques pas et toucha enfin le portail... Elle comprit par ce geste le sens de sa mission. « VOP » « VOP », qui ne cessait de défiler dans sa tête et voulut comprendre le sens de ces mots : « Voice Of Prophecy ».

...

J'ai vu mon amie Bonheur un jour, qui était invitée à prendre part à une cérémonie organisée en l'honneur des ambassadeurs. Elle était d'une certaine noblesse et d'une grande classe. Elle était en compagnie de son ami. Ils ont été invités à la cérémonie organisée par un couple d'Excellence. En ce lieu, le couple Bonheur ou B fut très bien accueilli par le couple Excellence. Après les présentations, le couple B trouva grâce aux yeux de plusieurs personnalités. La cérémonie fut très belle. L'on ne voyait pas le temps passer. Car tous prenaient plaisir à écouter l'autre, à converser, à discuter et à rire. Une fois, la cérémonie terminée, Dame Excellence expliqua, dans une causerie, que sa parente était malade et souffrait depuis longtemps. Emue de compassion, Dame Bonheur proposa à son ami d'aller à la rencontre de cette parente et prier pour elle. Et après quelques minutes de prière, la parente de Dame Excellence fut miraculeusement guérie.

...

J'ai vu la lune et les étoiles un jour à la fenêtre de Bonheur très tôt à l'intersection de la nuit et du jour. La lune et les étoiles brillaient dans tout leur éclat. Elles étaient à porté de main. Les étoiles se sont ensuite éloignées pour laisser toute la place à la lune. Quant à la lune, elle insistait que Bonheur l'observe. Bonheur observait la lune des yeux avec admiration. Elle était émerveillée par ce beau tableau peint. Le fond de ce tableau était comme la lueur d'un levé de soleil. La lune s'étant ensuite précipitée vers les étoiles avec une vitesse inexplicable, voulait l'échapper. Bonheur la suivait toujours du regard. Et elle a pu distinguer la lune parmi toutes les étoiles. A ce niveau, la lune n'avait plus son aspect rond habituel mais était semblable aux étoiles. Maintenant semblable aux étoiles, elle brillait dans tout son éclat pour se différencier des autres étoiles. Comme si elle voulait lui dire quelque chose. C'était comme si la lune et les étoiles voulaient lui transmettre un message...

...

J'ai vu le ciel et les nuages, l'aquarium et le déluge…Les nuages blancs comme la neige, étaient épais semblables à un matelas recouvrant tout le ciel. Les nuages étaient à porter de main. On pouvait y toucher et marcher dessus sans craindre. Présentés au balcon devant la baie vitrée de sa maison, Bonheur était émerveillée devant ce décor. Il y avait au-dessus des nuages, le véritable ciel bleu et clair. C'était comme si les nuages étaient venus rendre visite à Bonheur. Elle avait peur et était effrayée car elle n'avait jamais vu une chose pareille ou un tel décor. Le véritable ciel était nu de nuage. Les nuages couvraient tout sans laisser le moyen de voir la terre et sa verdure. Tout était couvert de nuage, non pas au niveau de la terre mais au niveau du balcon. Et Bonheur habitait au troisième étage dans son rêve. C'est comme si elle était invitée à marcher sur les nuages. Elle se situait entre les nuages et le ciel… Retournée un instant, pour observer l'endroit où elle se tenait, Bonheur n'observa plus les nuages mais plutôt un grand aquarium à la taille de l'immeuble. Cet aquarium protégeait sa maison d'un déluge. Car l'eau du déluge était recueillie dans l'aquarium gigantesque et inexplicable. Emerveillée, elle pouvait voir maintenant la terre et sa verdure. Toutes les maisons même les maisons en hauteur étaient inondées sauf celle de Bonheur qui a été épargnée. Grande fut son étonnement…

…

J'ai vu un film dans deux tableaux jumelés. A vrai dire, ces tableaux présentaient deux familles ou deux maisons. La première était en noir et blanc dans laquelle vivaient une mère et son enfant. Cette maison manquait de joie et de beauté à tout égard. Et c'est avec peine et douleur que cette femme s'occupait de sa maison. Par contre la seconde maison était pleine de vie et de joie. Cette maison était toute en couleur dans laquelle vivaient aussi une mère et son enfant. On pouvait entendre des chants d'allégresse à cet endroit. C'était avec joie, paix et bonheur que cette femme s'occupait de sa maison. Elle et sa maison menaient une vie épanouie. Il s'agissait ici de deux conditions de vie : celle sans la présence de Dieu et celle avec la présence de Dieu. A vous de faire le choix.

…

J'ai vu un champ, qui au départ, était un champ de fleurs sauvages ou peu connues. Ces fleurs recouvraient toute la surface du champ. Mais en une fraction de seconde, ce champ de fleurs a disparu pour faire place à un champ nu prêt à être cultivé. Ce champ redevint, à nouveau en un instant, un champ de pieds de maïs. C'était désormais un champ verdoyant et en très bon état comme il n'en a jamais eu. Ce champ s'était agrandi en doublant de portions. C'était le champ de Bonheur.

...

Dans ce catalogue en or de sa vie, l'histoire ne s'arrête pas là. J'ai vu et j'ai encore vu des choses, et même de plus belles. Les autres trésors, elle les garde jalousement secret dans son cœur. Et si j'avais encore des pages vierges, je ne pourrais pas tous les mentionner ; sinon je n'en finirai pas aujourd'hui. Et gloire soient rendue à Dieu qui fait toutes ces choses bonnes et si merveilleuses. A Dieu soit l'honneur, la louange et la gloire au siècle des siècles. Amen !

DEUXIEME PARTIE : REALITE

IL ETAIT UNE FOIS, LA PEUR

La peur se définit comme un sentiment de forte inquiétude en présence ou à la pensée d'un danger, d'une menace. C'est un état de crainte, de frayeur dans une situation précise. Parler de situation précise c'est vrai mais Bonheur n'avait pas besoin de ces situations pour en être effrayée. Avec ou sans situation précise, elle sentait la frayeur partout. La peur la terrifiait à tel point que son passé sombre l'effrayait. Elle décida de ne plus y retourner une fois délivrée. Le souvenir est si effrayant qu'elle n'arrive plus en se souvenir dans les moindres détails. C'était un cauchemar pour elle de retourner dans son passé. Il arrivait des moments où Bonheur aurait préféré la mort que d'affronter la peur. Selon elle, si l'amour est fort comme la mort alors la peur est aussi forte comme la mort. Cette peur-là, Bonheur l'avait embarquée depuis son enfance jusqu'à ses trente ans. La peur se présentait sous plusieurs formes dans sa pensée et influençait ses sentiments et émotions. Bonheur arrivait parfois à personnifier la peur sous une forme corporelle dans l'obscurité. Tout ceci la rendait malade et volait sa joie. Son pauvre et petit cœur n'avait jamais cessé de battre la chamaille devant une situation sans que la peur ne s'en mêle. A l'âge de six ans, Bonheur était au village depuis trois ans maintenant. Et elle était sans cesse effrayée par des cris et chants d'animaux nocturnes. Ces créatures qu'elle ne voyait jamais le jour et la faisaient peur la nuit. Etrange le disait-elle ? Quels sont ces animaux étranges ? Ses questions sont restées au fond de son cœur sans trouver de réponses exactes. Pire était pour elle, le jour des cérémonies villageoises où les masques étaient invités à faire leurs sorties. Ces sorties de masques égayaient le public sauf une seule personne : Bonheur. Elle ne comprenait pas pourquoi ces apparitions des êtres étranges pouvaient réjouir les hommes. Tout simplement parce que c'était la tradition. Bonheur aurait aimé être consolée en ce moment dans les bras de ses parents. Ils étaient absents alors qu'elle les appelait souvent dans son cœur effrayé. Il n'y avait personne pour la consoler. Et ça, elle ne supportait pas l'absence de ses parents. Toutefois elle désirait avoir une réponse à cet éloignement. Bonheur avait une peur mêlée au dégoût et aux larmes. Elle se cachait sous le lit ou s'enfermait dans la maison quand ces cérémonies commençaient. Rien qu'à entendre le bruit émis par ces êtres, Bonheur était terrifiée. Un jour Bonheur allait au marigot avec ses petits camarades pour y jouer. Arrivés en ce lieu, tous jouaient au bord du marigot. Là se trouvait une source d'eau. Cette eau était douce et agréable à boire. Ils passaient du temps à se baigner. Quand tout d'un coup, tout s'arrêta. Les oiseaux s'envolaient de la cime des arbres. Le silence vint au rendez-vous. Tout était calme à cet endroit. On pouvait ressentir l'air frais et pur et aussi entendre le bruit qu'émettait le ruissellement de l'eau de la source du village. Bonheur et ses copains ne bougeaient plus. Elle était comme hypnotisée tout comme ses camarades. C'était comme un vent qui souffla et envouta cet endroit. Rien ne semblait bouger encore pour eux. Car ils criaient et personne ne pouvait les entendre. Ils couraient et ne pouvaient bouger leurs membres. C'est une scène de cirque à vivre et non à expliquer. A six ans, Bonheur devrait commencer la maternelle grande session en ville auprès de ses parents et frères et sœurs mais elle était animée d'une "sauvage" peur. Une peur exagérée de certaines choses. Par exemple elle avait peur du bruit des avions dans les nuages. Cet engin qu'on ne voyait pas et qui faisait du bruit, la terrifiait. Elle avait aussi peur des flashes de certains appareils. Puisque le village n'était pas électrifié, Bonheur avait peur du noir jusqu'à ce qu'elle en soit délivrée. Elle avait peur à tel point qu'elle s'imaginait des choses dans son cœur. La peur créait en elle la timidité, la tristesse, un esprit d'infériorité, une colère inexplicable, la honte et le mépris de sa propre personne. Et elle ne comprenait pas le but de son existence. Elle n'en voulait pas aux gens mais plutôt en sa personne. La peur l'empêchait de prendre de véritables décisions et de faire de bons choix et l'incitait souvent au suicide, au vagabondage d'esprit, à la perte de mémoire, à la paresse. Bonheur était intimidée par la peur de s'afficher devant le public ou de bien s'exprimer lors des entretiens importants de sa vie. La peur cachait tous ses exploits et ses expériences merveilleuses comme si de rien n'était. Souvent elle avait les mains et tout le corps qui tremblaient de panique. Devant les épreuves, la peur faisait le choix à la place de Bonheur. Je ne vous dis pas qu'elle n'a jamais pris de risque dans sa vie. Elle en prenait souvent. Mais devant ces risques, elle mettait la peur à côté et s'efforçait à se surpasser pour quelques instants. Bien vrai que cette peur était là comme un compagnon, Bonheur vivait pleinement son enfance et son adolescence...Tout ceci pour juste vous expliquer le rôle de la peur dans la vie de Bonheur. Ça a été un cauchemar selon moi. Un film sombre qui éteignait à chaque fois sa joie. Elle ne savait pas encore comment s'en défaire. Mais un jour, elle comprit le sens d'un verset biblique : *« Celui qui est en nous est plus fort que celui qui est dans le monde. »*. Cela avait changé sa manière de comprendre la position de la peur et la position de Dieu (Jésus) dans sa vie. Tout ce temps, elle ne s'était pas appliquée à fond dans la parole de Dieu. Quand elle eut la révélation de ce verset, tout avait changé. Elle s'était mise à lire les ouvrages et à écouter des enregistrements sur la psychose et le pouvoir de la pensée. Dans toute sa thérapie personnelle, elle n'oublia pas la Sainte Bible. Elle comprit qu'elle avait besoin la présence de Dieu et d'être ancrée dans la vérité. Elle découvrit que la peur est une manière de dire non à la capacité de Dieu. Une manière de douter de la présence de Dieu et de sa puissance. Elle ne savait pas que c'était une grave injure envers son créateur et Père céleste. Elle s'était éloignée de son Dieu qui l'aimait et la protégeait depuis le sein de sa mère. Elle comprit le mal qu'elle s'était causé et causé depuis tout ce temps. Elle réalisa qu'avec la peur, elle ne pourrait jamais évoluer ni réaliser quoi que ce soit. Ni même connaître la plénitude de la joie et de la beauté qui se trouve dans la création tout entière. Elle se repentit vraiment de tout son cœur en implorant le pardon et la grâce de Dieu dans sa vie. Elle comprit alors que Jésus seul était son véritable refuge. Là où elle pouvait se reposer sans se soucier ni de la terreur soudaine ni de l'avenir. Car la peur avait été vaincue à la croix de Golgotha. Elle comprit aussi que c'était parce qu'elle avait donné une importance capitale à la peur qu'elle avait dominé sa vie et pourri son existence. Bonheur comprit son erreur et renversa la tendance. Elle décida de donner toute et la première place au Seigneur Jésus. C'est lui le véritable compagnon qui devrait occuper tout son espace et son environnement. Sa présence a fait fuir toutes les autres et mauvaises présences. Ses faux compagnons, d'autrefois, étaient des voleurs. Ils ont volé sa joie et sa sérénité. Ils l'éloignaient de la vérité du véritable et fidèle compagnon. C'est lui le consolateur.

Et voilà un autre aspect de sa vie que Bonheur ne pourrait l'oublier. A cause de la peur, elle n'avait jamais appris à crier de toutes ses forces et à plein gossier. Elle se contentait de crier tout bas à la normale dans les jeux d'enfant ou d'adolescent. Mais il arriva un jour, un seul jour où Bonheur cria de toutes ses forces lors d'une prière. Elle cria à pleine voix et à plein gossier : « Personne n'est comme toi Seigneur Jésus ». Ce jour-là Bonheur cria de toute sa force, de toute sa pensée, de toute son âme et de tout son cœur et ce à plusieurs reprises. Elle comprit que le Seigneur Jésus lui donnait l'occasion de crier sa peine, sa douleur, sa colère, et sa peur enfouies en elle. Ce fut le jour de la délivrance totale pour Bonheur, une délivrance tant désirée. Et le comble de la délivrance, l'Esprit de Dieu a attesté sa présence dans sa vie comme une personne. C'est ce qui lui a donné des ailes. Et ce fut le nouveau départ, plein de foi et de courage pour combattre le bon combat, et poursuivre l'avenir avec audace. Maintenant Bonheur crie toujours de joie quand l'occasion se présente à elle. Car c'est merveilleux de crier à pleine voix et de joie pour le Seigneur Jésus. Bonheur est reconnaissante envers Papa Dieu pour son amour, sa bienveillance et sa bonté dans sa vie.

Louez Dieu ; louez Dieu, le Dieu des armées…

Cantique des cantiques 6v8

1 Jean 4v4

LE JEU-EPREUVE

L'arc-en-ciel

Emerveillée, oui toujours émerveillée, Bonheur le sera devant un tel spectacle. Un spectre lumineux aux multiples couleurs, embellissant le ciel bleu, mi-ensoleillé après le passage d'une fine pluie. Bonheur ne cessera de se demander comment Dieu a pu bien faire ça. La réponse à sa préoccupation était que Dieu fait toutes choses bonnes selon sa volonté. Et c'était lui qui avait peint ce beau décor pour embellir le ciel. Pour quel but, Bonheur ne le savait pas encore. Ce qui l'émerveillait, était un arc-en-ciel. C'était sa première fois de voir un arc-en-ciel. Elle avait environ douze ans. C'était lors d'une balade avec ses frères dans les champs. Cette découverte fut pour elle un phénomène. Le première fois, elle était très émerveillée mais peu enchantée. Car elle avait peur. Elle n'avait jamais entendu parler d'un tel avènement. Elle se disait mais d'où provenait cette chose qui fait un demi-cercle dans le ciel. Elle ne comprenait pas et son cœur d'enfant battait la chamaille. Enfin, elle décida de demander à son grand frère en camouflant sa peur : « mais d'où venait cette chose ? ». Et il lui répondit que c'était un arc-en-ciel de Dieu mais en Afrique les sorciers peuvent l'utiliser pour en faire du mal ». Bonheur eut très peur quand elle entendit parler de sorcier. Elle se demanda mais comment reconnaître l'arc-en-ciel de Dieu et celui des sorciers ? Et la réponse à lui fut « je ne sais vraiment rien ». Bonheur resta sur sa faim de question. Et voilà que cet arc-en-ciel avait produit son reflet en dessous du premier. C'était beau tout ça. Bonheur contemplait encore mais elle avait très peur. Car c'était énorme pour elle et les couleurs très distinctes l'une de l'autre. Bonheur pouvait distinguer ses crayons de couleur au travers de cet arc-en-ciel. Depuis cet évènement, chaque année, elle pouvait encore revoir l'arc-en-ciel dans le ciel. D'après un adage : « après la pluie vient le beau temps ». Un jour, Bonheur apprit à l'école de dimanche, dans le grand édifice qu'elle fréquentait, que l'arc-en-ciel était le don de Dieu. Elle comprit qu'il ne fallait pas avoir peur car c'est un signe de Dieu. Des jours, des semaines, des mois, des années passaient, et Bonheur grandissait. L'apparition de l'arc-en-ciel se présentait toujours à elle. Son cœur n'était plus dans la tourmente mais plutôt dans la joie et remerciait Dieu de lui avoir montré un arc-en-ciel. Un jour, après sa conversion à Jésus, Bonheur comprit que ce spectre est un signe de l'alliance de Dieu premièrement à Noé mais aussi à tous les enfants de Dieu. Elle comprit le but et le sens. Cette nouvelle l'a complètement changée. Chaque fois que Dieu veut lui annoncer de grandes choses dans sa vie, quel que soit l'endroit, la voix de l'Esprit lui demande de lever les yeux au ciel et quand Bonheur obéissait, apparaît pour elle l'arc-en-ciel de Dieu. Et chaque fois, Bonheur se rappelait de son alliance éternelle à la croix à travers le Seigneur Jésus-Christ. Chaque fois qu'elle voyait un arc-en-ciel de Dieu, elle avait l'assurance d'une mission importante à accomplir et toujours aussi le soutien de Papa Dieu. Cette image historique me fait penser à ces mots *« Oui et Amen » dans la Bible*. Chaque année, Bonheur n'attend que ces rendez-vous en couleur, un coucou de son Papa Dieu Eternel. Elle comprit que ces apparitions d'arc-en-ciel, dans son enfance lui étaient destinées afin que Papa Dieu lui manifeste son amour et son alliance. Quand bien même que la réconciliation n'était pas encore rétablie. Aujourd'hui, elle comprend que cette portion d'arc-en-ciel provient du trône de l'Eternel Dieu. Car c'est autour de son trône seul et nulle part ailleurs que se trouve cette chose. Et elle sait que c'est vrai car la Bible l'atteste. Oh que c'est merveilleux ! Bonheur peut savourer maintenant cette merveille avec paix, joie, amour et reconnaissance envers Dieu, son Père qui l'aime (Amen !).

Les mots magiques

Déclarer ces mots magiques était un secret et un délice pour Bonheur. Libérer ces mots et s'attendre au meilleur, tel fut un jeu pour Bonheur toutes les fois qu'elle s'attendait ou pas à quelque chose. C'était une chose surprenante et en même temps une bonne nouvelle. Une nouvelle qui l'empêchait de stresser et de rester confiante dans le Dieu de son salut. Au début de ce jeu, Bonheur ne comprenait pas le sens. Et peu à peu, elle apprit à jouer ce jeu et à y prendre plaisir. Ces mots sont comme un stimulant pour embellir sa vie. Elle ne comprenait pas toujours le sens de ce jeu mais les prononçait soit dans son cœur soit à haute voix. Ce n'est que devant l'événement qu'elle comprenait enfin le sens de ce qu'elle avait prononcé en quelques instants. Ce sont des mots ordinaires qu'elle s'apprête à vous le dire et vous lui direz : "oh là ! Ça marche ce truc-là ?" Et elle vous répondra : « oui ça marche ce truc-là ». Il suffit simplement d'y croire et vous verrez que ça marche. Elle les appelle le jeu-épreuve mais plus particulièrement les mots magiques. Car ce que l'on déclare de tout son cœur avec foi se réalise. Je commencerai à vous citer ces mots mais pas tous. Ce sont : *« Dieu Merci », « Tout est grâce », « Dieu est Dieu », « Tout es possible à celui qui croit », « Dieu est grand », « Dieu est fidèle », « La Main de Dieu », « Dieu est fort », « Dieu, tout-puissant », « Dieu le fera », « Dieu est Amour », « Jésus est Dieu », « Dieu te voit », « Dieu est capable », « La Grâce de Dieu », « Jésus est Seigneur »…*

La liste n'est pas exhaustive. Il y en a tellement qu'elle ne pourra les citer tous. Juste pour vous interpeller que ces mots sont magiques car il suffit simplement d'y mettre un peu de grain de foi et vous verrez son effet sur votre journée. Elle rencontre ces petits messages n'importe où, très souvent à l'arrière des véhicules. Je vous assure devant une situation, avant de l'affronter, Bonheur a déjà la victoire au nom de Jésus-Christ. Cela est aussi possible pour vous et pour elle. Elle se dit à chaque fois que c'est Dieu qui lui parle et le Saint-Esprit la rassure pour la suite. Devant ces mots, elle ne craint plus rien. Elle a tout simplement confiance en Dieu. C'est la joie et le bonheur, Gloire à Dieu ! Alléluia !

Les animaux

Vivre des moments pareils avec ses animaux de compagnie sont pour Bonheur des moments de rêve. Un jeu et une épreuve à savourer comme un repas. Ces moments qui lui font passer des journées agréables de joie et d'exercices. Cela lui rappelait à chaque fois la création du monde à l'époque où le patriarche Adam nommait les animaux et leur relation dans le jardin d'Eden. Bonheur avait d'abord un cabri qu'elle nomma H. Ce cabri est un animal à domestiquer dans les champs et non un animal de compagnie. Mais Bonheur en a fait un animal de compagnie à tel point que cet animal ne voulait point la lâcher. Quand elle étudiait pour ses cours du collège, il était à ses côtés comme un compagnon. Il veillait là jusqu'à ce qu'elle finisse. Et quand elle se rendait à l'école, H l'accompagnait sur le chemin jusqu'à ce qu'elle le renvoie à la maison. Et chaque fois c'était pareil… les fêtes du nouvel an de dix neuf cent quatre vingt seize approchaient et son papa lui faisait comprendre que H n'était pas un animal de compagnie. H était maintenant gros et gras ; et tous les enfants avaient de l'affection pour lui. Son papa leur demandait s'il fallait vendre H ou le tuer pour la fête. Les enfants avaient réfléchi et à contre cœur avaient décidé de préparer H pour les fêtes. Toute la famille mangeait H à l'unanimité mais les enfants étaient aux regrets. Son papa lui avait promis qu'elle aurait un animal de compagnie en échange de H.

Des jours, des semaines, des mois et même des années passaient sans voir venir un animal. Et voilà qu'un jour revenant des cours et maintenant au lycée, la copine de Bonheur lui proposa de venir récupérer un chiot. Son amie n'aimait pas les animaux car ils lui faisaient peur. Ce chiot, lui avait été offert par son papa. Et avec l'accord du papa de son ami et de son papa, Bonheur put recueillir ce chiot qu'elle nomma R. Il était roux. Oh combien avait été la joie de Bonheur de ramener R à la maison. Bonheur et ses frères et sœurs étaient contents. Tout de suite, R prit la place du compagnon. Comme H, il lui tenait compagnie dans ses révisions et sur le chemin de l'école. Elle prenait soin de lui. Tous les enfants l'aimaient et jouaient avec lui. R avait maintenant deux ans et vivait la pleine forme. Quand un jour, pendant la saison des pluies, R alla nager dans un bas-fond rempli d'eau de pluie, situé non loin de la cour. Et à côté de la clôture du voisin, trainaient des câbles d'électricité par endroits nus dangereux pour les enfants qui jouaient très souvent au foot devant la maison. Et ce jour-là, un samedi, vers six heures du matin, un cri rappelant celui du chien se fit entendre. C'était R qui venait d'être électrocuté. Bonheur était encore couchée tout comme les habitants de ce quartier. L'aboiement avait tous réveillés. En sous vêtement et recouverte d'un drap, Bonheur se précipita vers l'extérieur de la maison. Elle découvrit R, son chien étendu sur le sol mouillé. Elle ne comprenait rien. Plusieurs personnes étaient déjà présentes sur les lieux à cette heure-là. A son arrivée, R lui donna son dernier soupir comme s'il l'attendait avant de partir. Le choc était dur. Retenue et consolée par sa tante, Bonheur criait dans son cœur. Elle pleurait et on lui disait de ne pas pleurer. Tout semblait comme un rêve à l'instant. Elle ne comprit pas pourquoi R devrait mourir par la négligence du voisin. Aussi on lui faisait entendre que c'était pour le bien des enfants que R était mort. Et c'était le sacrifice pour la vie des enfants qui venaient jouer avec lui et devant la cour. Dur était de comprendre ce raisonnement en ce moment. Ce jour-là tout le quartier était calme et triste. On avait tous perdu un compagnon de jeu et surtout évité la mort d'un enfant. C'était alors que le voisin comprit sa négligence. Cela me fait penser aujourd'hui à l'une des paroles de Jésus sur l'amour: «*Donner sa vie pour ses amis* ». C'est vrai que c'était un chien, mais il était spécial. Et elle n'oubliera jamais ce geste. Elle garde encore aujourd'hui ce souvenir.

Des jours, des semaines, et des mois passaient. Et la famille de Bonheur avait à nouveau un animal de compagnie. C'était un chaton, une femelle de couleur orangée. Bonheur s'était encore attachée à sa chatte qu'elle nomma M. Cette chatte grandissait et devenait très belle. Bonheur s'était transformée en une grande vétérinaire. Parce qu'à chaque délivrance de la gestation de sa chatte M, elle l'assistait. Bonheur avait le sens de la responsabilité. Elle aimait rendre service à tous quel que soit le genre ou la nature de la chose qui se présentait.

Bonheur se rappelait qu'un jour assise sur la terrasse de son oncle, un petit oiseau ayant percuté la baie vitrée du salon s'était effondré et mort sur le coup. Bonheur se rappela de ce que le Seigneur Dieu a fait le jour de la création du ciel et de la terre. Elle souleva alors le petit oiseau, le baissant dans sa main et se mit à prier Dieu pour ranimer cet oiseau. Elle se rappela du souffle de Dieu donné à l'homme le jour de sa création. C'était alors que Bonheur souffla dans le bec de cet oiseau et l'oiseau reprit vie mais sans pouvoir encore s'envoler. Bonheur demanda encore au Seigneur de permettre que l'oiseau puisse s'envoler. Elle lança l'oiseau une première fois, il tomba sur le sol ; une deuxième fois, il retomba sur le sol ; et à la troisième reprise l'oiseau s'envola. Bonheur était très heureuse que cela puisse marcher…

Ce sont ces animaux qui, avant de connaître le Seigneur Jésus, comblaient un tant soit peu ses heures libres et son cœur quand il se vidait d'affection familiale. Ces histoires, Bonheur tenait à les écrire pour révéler que le vrai compagnon qu'elle recherchait était le seul et le véritable compagnon Jésus-Christ qu'elle a enfin rencontré et connu. Le véritable compagnon qui combla son cœur vide d'affection. Gloire à Dieu !

LE CŒUR

Ah le cœur ! Le cœur dont je vous parle ici n'est pas cet organe ou ce moteur central de la circulation sanguine mais le symbole de l'affectivité ou du moins le siège des sentiments profond, des pensées intimes... Le cœur est comme une maison à plusieurs compartiments. Si vaste et si profonds que la Bible nous enseigne que *le cœur de l'homme est tortueux par-dessus tout et qui peut le connaître ?* Et elle nous conseille de le *garder comme un trésor ; car de lui vient la source de la vie.* Le cœur se présente souvent comme un champ ou un terrain subdivisé en plusieurs tranches. *Le cœur a sa raison que la raison elle-même ne connaît pas.* Le cœur est sujet de plusieurs choses événementielles (événements heureux comme malheureux). Il est victime des émotions puisque c'est lui le siège de notre âme. Bonheur a beaucoup à dire sur cet état de cœur, et sur toutes définitions que vous pourriez donner au cœur. Car elle vient de loin avec son cœur plein d'émotions, qui à un moment de sa vie, lui échappait. Elle en a souffert depuis sa tendre enfance. Cette situation créa en elle un manque dans sa base de donnée émotionnelle. Un manque qu'elle ne savait comment la remplir malgré les efforts employés pour combler ce vide.

Le combat intérieur

Sur le terrain à plusieurs tranches du cœur de Bonheur, c'est celui du combat où se déroule cette histoire de sa vie. Bonheur était en quête de la véritable paix et du bonheur. Elle sentait toujours l'absence de joie (la tristesse) envahir très souvent son cœur. Cette tristesse venait comme un voleur pour lui enlever toute son énergie et la remplaçait par le découragement voire des pensées suicidaires. Quand ce manque se présentait, c'était comme si Bonheur n'avait jamais goûté à la joie auparavant. Elle ne comprenait pas. Elle s'enfonçait davantage mais elle arrivait tant bien que mal à dissimuler la peur que la tristesse. Ah la peur et la tristesse deux éléments dangereux à son épanouissement et à son bien-être. Elles ont rongé ses exploits et sa force, son courage et sa détermination, ses projets et ambitions. Elles étaient présentes dans sa vie comme des compagnons de route. Bonheur savait comment elle les avait invitées dans sa vie mais de manière inconsciente. Et elle ne savait pas à l'époque comment s'en débarrasser. La peur et la tristesse qui ont entraîné avec elles la colère, la médiocrité, le mensonge, les querelles, l'envie, la convoitise des yeux, la jalousie, l'esprit d'infériorité, et les mauvaises pensées ..., étaient personnifiées dans sa pensée et elle pouvait maintenant sentir leurs présences partout. Faisons un bref sur la convoitise des yeux. Depuis son jeune âge, Bonheur ne pouvait se passer de la convoitise. Enfermée dans sa pensée à longueur de journée comme dans une cage d'oiseau, elle n'arrivait pas à trouver un meilleur divertissement que la convoitise. Elle pouvait passer des heures à convoiter et ensuite à les repasser dans sa pensée comme un film rediffusé. Elle seule, en était la metteuse en scène, la réalisatrice et la productrice. Des heures, même des nuits blanches, à fantasmer sur des choses et des êtres humains comme des stars et mannequins. Bonheur se sentait moins belle et croyait qu'elle n'était pas capable de faire des choses. Elle s'était transformée en une fille paresseuse. Après avoir fini son travail, ses devoirs ou ses occupations quotidiennes, Bonheur se cherchait une place où elle ne serait pas dérangée. Dérangée ? Non Bonheur ne le devrait pas. Elle devrait méditer sur ses nouvelles trouvailles à fantasmer. Il y avait un peu de tout dans son divertissement (image pornographique, scène de guerre, de meurtre, de vengeance, de fugue, et de suicide liés à la colère et devant le mal qu'elle subissait ou des scènes d'amour qu'elle aimerait ressentir). Dans ses films, elle n'était pas l'héroïne. C'était plutôt l'image d'une fille belle et douce au cœur charmeur. Ses fantasmes ou films nocturnes épuisaient son énergie. Les films se produisaient à toute heure. Il suffisait qu'elle trouve un endroit où envoler sa pensée et le jeu était gagné. Personne ne savait son secret, le croyait-elle. Bonheur savait que les fantasmes et la convoitise la faisaient souffrir mais on ne pouvait rien y faire. Elle ne pouvait rien faire pour s'en défaire. C'était comme l'effet que produisait une drogue sur une personne. Il ne fallait pas que son stock s'épuise sinon elle en tombait malade et devenait nerveuse... Bonheur trimballait toutes ces choses dans son cœur en tout lieu. Cela était dû au fait que Bonheur avait choisi de regarder à l'extérieur et non à l'intérieur d'elle là où se trouve la source de vie. A l'extérieur ce sont les regards des hommes, les préjugés et les jugements des autres sur elle, le système du monde, le présent siècle mauvais. Voilà un peu ces choses qui la détruisaient et rongeaient sa joie et son bonheur. Bonheur pouvait rire et s'amuser comme si de rien n'était et comme les enfants et jeunes de son âge. Mais une fois seule, tous l'envahissaient, l'inspiraient et la consolaient. C'était comme une sorte de prison pour elle. Loin de la liberté de s'exprimer et loin du vrai repos. Chargée et fatiguée, elle en avait marre par moments mais comment faire pour vivre une vie joyeuse et épanouie. Elle ne le savait pas et l'ignorait encore. Et chaque jour des années, Bonheur vivait comme tout le monde et jouissait d'une simple vie comme tout le monde. Une vie sans goût et peu éclairée. Elle se demandait après sa conversion au Seigneur si c'était comme ça qu'elle finirait ses jours ou s'il n'y aurait pas d'amélioration. Bien vrai qu'étant toujours partagée entre ses sentiments et émotions, Bonheur connût des moments d'exploits et de joie conditionnée. Elle recherchait de ce fait la paix du Seigneur Jésus mais elle sentait toujours le tiraillement en elle. Car elle ne comprenait pas les écritures comme il le fallait.

… Le vide comble

Bonheur se mit à crier au Seigneur demandant de venir la secourir de ce tiraillement ; et de ce combat intérieur qui pourrissait ses journées voire sa vie. Bonheur rêvait d'une vie ensoleillée par la présence de son Dieu et de l'effet du pouvoir de son nom « Bonheur » que son papa lui donna le jour de sa naissance. Bonheur n'avait jamais expérimenté une journée toute entière remplie de joie et de bonheur à cause de ses mauvais compagnons. C'était vraiment dommage de porter un si joli nom et ne pas être influencé par son éclat. Souvent elle-même ne comprenait pas et se posait une et mille questions sans jamais trouver de réponses. Bonheur demanda l'aide du Seigneur Jésus-Christ au sujet de la découverte du but de Dieu pour sa vie. C'est dans cette quête que Bonheur commença à découvrir le plan merveilleux de Dieu pour elle autrement le but de son existence, l'amour suprême de Dieu son Créateur et son Père. Il fallait qu'elle renouvelle son intelligence en changeant ses pensées et son langage intérieur. Il fallait tout d'abord apprendre à écouter la voix de Dieu. Ensuite comprendre la pensée de Dieu, à voir ce que Dieu voit et à mettre en pratique toutes ses vérités. Elle se devait d'y croire fortement de tout son cœur. Devant cet exercice, son cœur gagnait peu à peu sa sérénité, sa confiance en Dieu et son nouveau regard sur le monde intérieur comme extérieur. Elle apprit à se surpasser, à donner le meilleur d'elle-même et à croire en l'avenir glorieux de Dieu pour elle. Bonheur commerça à rechercher le calme à l'intérieur de son cœur. Quand cette quête fut effective dans son cœur, elle comprit beaucoup de choses et découvrit beaucoup de richesses qui étaient enfouies en elle. Ces richesses mentionnées dans cet ouvrage en témoignent grandement son merveilleux trésor. La vraie joie et le bonheur tant cherchés étaient désormais présents dans sa vie. La douceur, la maîtrise de soi, la vérité, l'excellence, l'esprit de grandeur, la paix, la joie et le bonheur embellissent à chaque moment ses jours. Ils amélioraient et améliorent sa vie. Le calme ou la paix s'empara de son cœur puis de son être entier ainsi que sa santé spirituelle et physique. Tout devint comme à l'origine. Elle découvrit encore plusieurs vérités comme la compagnie du Saint-Esprit le consolateur qui est éminente et évidente. L'amour du Père qui n'est suivi d'aucune crainte, car Dieu est amour. L'amour du Père remplissait son cœur qui peu à peu arrivait à combler celui des autres… Personne ne tient les rênes de sa vie. Dieu est l'architecte de sa vie et de tout ce monde ; et Bonheur est la seule architecte de son bonheur. C'était alors que ses yeux s'ouvrirent sur son catalogue en or. Elle découvrit aussi que l'intelligence universelle qui provient de la plus merveilleuse source ne fait pas d'erreur mais elle fait toutes choses bonnes pour un but… Et Bonheur est le but de Dieu.

Proverbe 4v23

Romains 12v2

Matthieu 11v28

Jean 8v32

L'HISTOIRE D'UNE RENCONTRE 1

Restée immobile devant une phrase prononcée un après-midi, sur le terrain de jeu devant l'immeuble de sa tante, Bonheur ne se rendit pas compte de ce qui allait se passer dans sa vie. Sa cousine lui annonça que Dieu la voyait. Dieu la voyait. Cette phrase fut une secousse dans sa vie à l'âge de dix ans. (A dix ans, Bonheur était semblable à un enfant de huit ans). Ah bon ! Dieu me voyait-il ? Telle fut la question qui défilait dans son cœur de gamine. Bonheur arrêta de jouer. Elle se mit à réfléchir. Elle comprit que cette phrase avait plus d'un sens pour elle. Elle savait que ses deux pensées étaient vraies, mais elle ne savait pas comment les démontrer. Rentrée à la maison, Bonheur était différente des autres soirs de ses vacances scolaires. Triste et inquiète, Bonheur ne savait pas quoi faire. Assise au balcon avec sa cousine jouant à la poupée, elle lui demanda si cette phrase était vraie et comment le savait-elle ? Et cette dernière lui confirma que Dieu nous voyait. Dieu sait tout ce que l'on faisait sur la terre. Et que rien ne lui était caché. Tous les dimanches, la famille se rendait à l'église. Grande fut encore l'étonnement de Bonheur. Car le cœur de Bonheur était déjà mauvais à cet âge-là. Et elle n'avait jamais entendu parler d'un Dieu là-haut qui la regardait jour et nuit. Oh ! Pauvre Bonheur ! Que fera-t-elle maintenant ? Tout ce qu'elle avait fait depuis jusqu'à ce jour, était mauvais. Et Bonheur avait peur. De quoi avait-elle réellement peur ? Ça, je ne saurais vous le dire clairement mais Bonheur avait peur jusqu'à tomber malade. Elle ne voulait plus regarder vers là haut, parce que Dieu la voyait tout simplement. Elle savait qu'elle avait mal agi tout ce temps. Elle était certes timide mais volait souvent les petites pièces de monnaie de maman, injuriait les grands frères et grandes sœurs, faisait palabre par moments, se moquait très souvent, se cachait pour regarder les photoromans souillées de papa et bien d'autres choses qui la rendaient vulnérable devant Dieu. Bref, je ne saurais vous décrire cette peur. Est-ce une peur ou tout simplement la naissance d'une crainte ? Un jour, une semaine, un mois, passait et tout fut mis dans l'oubli. Les vacances terminées, Bonheur rentra en famille où elle se mit à chercher le chemin de Dieu. Elle décida de fréquenter une église au grand édifice. Un jour de l'année suivante, une autre cousine, âgée d'environ cinq ans de plus qu'elle, est venue chercher Bonheur pour se rendre dans une église au grand « E ». L'ambiance était différente et il y avait de la joie et quelque chose d'inexplicable. Rentrée à la maison, son cœur décida d'y retourner un jour même si sa maman s'y opposait. Bonheur continua d'aller à cette église au grand édifice avec ses sœurs. En ce lieu d'édifice réservé aux enfants, Bonheur apprenait tout en jouant avec ses amis. Et Bonheur aimait ça. Car cela l'encourageait et l'éloignait de la solitude par moments. Un jour, une semaine, une année passait et Bonheur avait maintenant douze ans (Bonheur était semblable à un enfant de dix ans). Une nuit, Bonheur eut un rêve qui était très différents de tout autre rêve de son existence. Dans ce rêve, "elle était transportée dans les airs avec un homme vertu en blanc éclatant. Du haut des nuées, ils observaient la terre et voyaient des peuples. C'était comme si Bonheur recevait des instructions de ce dernier. Elle était attentive et s'y plaisait". Réveillée au petit matin, Bonheur ne comprit pas le sens de ce rêve et n'en parla à personne jusqu'à ce jour. Selon elle, si elle en parlait, on la prendrait pour "la belle au bois dormant". Depuis ce rêve, elle sentait comme une présence angélique à ses côtés. Elle savait que cette présence la surveillait. C'était un ange de Dieu. Et cet ange-là ne la quittait pas. Elle était très sûre de cette protection et personne ne pouvait lui dire le contraire. Elle n'en avait parlé de tout ça à personne. Parce que Bonheur était l'objet de moqueries de la part de ses frères et camarades. Elle était très souvent sur ses gardes. Cette assurance de sa protection n'était pas une raison valable suffisante pour que Bonheur ne soit pas terrifiée. Terrifiée par une peur du noir ou de tout ce qui l'effrayait. Même si elle savait que l'ange de Dieu la gardait, Bonheur ne s'était pas empêchée de faire des choses dans son cœur qui souillaient ses pensées. Les jours ; les semaines, les années passaient, et Bonheur devenait une grande fille maintenant. Huit ans après son premier rêve conscient, Bonheur eut un autre rêve. Ce dernier ne la concernait pas directement. Ce n'était pas une vision d'aigle mais les événements de la mort de son papa biologique. Inconsciente de la puissance de Dieu qui fait des miracles et des prodiges, Bonheur s'était recroquevillée sur elle-même. Que diraient les gens s'ils apprenaient qu'elle avait vu son papa à deux reprises lui annoncer sa mort ? Oui que diraient les gens autour d'elle ? Serait-elle comparée à une sorcière ? Serait-elle maudite ? Non et non, personne ne devrait le savoir. Est-ce un simple rêve ou une réalité ? Autrement un rêve qui deviendra une réalité ? Elle n'en savait rien. Mais ce rêve l'effrayait et troublait par moments sa joie avec son papa. Elle aimait son papa et était attachée à lui dans son cœur sans jamais le manifester. Et voir son papa lui annonçant sa mort, ne l'enchantait guère. Elle laissait défiler ses souvenirs comme des clichés. Des souvenirs de ces jours avec son papa à la veille de sa mort comme par instinct. Les deux étaient séparés à plus de cent vingt kilomètres. La fin de ses vacances scolaires ne s'annonçait pas bien en cette année deux mille. Bonheur n'en croyait pas ses yeux que le jour de la séparation définitive avec son papa était arrivé. Elle n'avait maintenant que des souvenirs dans le répertoire de sa mémoire. Elle laissait encore défiler tout en cherchant une explication à son rêve. Ce rêve qui lui brisait un tant soit peu ses rêves de jeune fille. Brisée et meurtrie, Bonheur cherchait son chemin pour l'avenir. Des jours, des semaines, des mois passaient, et voilà que Bonheur et ses frères et sœurs faisaient désormais partie de la classe des orphelins et sa maman de celle des veuves. C'était leur nouvelle identité aux yeux du monde. Un soir, alors qu'ils étaient endormis, un cri se fit entendre dans la chambre de sa maman. Tous alarmés, ils se précipitèrent vers la chambre. Et Bonheur vit sa petite sœur faire une crise de fièvre. Sa maman et sa grande sœur affolées cherchent de l'aide auprès des voisins de la cour commune, qu'ils habitaient désormais après la mort de leur papa. Seule Bonheur avait la charge de rester à ses côtés pour la maintenir. Tous effrayés, Bonheur qui commençait à chercher Dieu à travers les médias, se mit à prier à genoux. Celle-là même qui ne savait pas vraiment formuler une phrase de prière sincère, se mit à prier de tout son cœur. Elle demanda à Dieu de faire quelque chose pour sa sœur afin qu'elle ne meure point car sa maman ne le supporterait pas. Elle insista que Dieu prenne sa vie en échange de celle de sa sœur. Inconsciente de ce que Jésus-Christ avait déjà accompli cet acte à la croix. Elle ne comprit pas que ce geste avait un sens pour le Seigneur Jésus-Christ. Et moi, je crois que cet échange-là, était celui d'une vie à un cœur, du cœur à cœur. La vie de sa sœur lui sera remise de manière miraculeuse mais son cœur à elle, lui sera prit en retour. Un échange qui s'était fait au plan spirituel dont elle n'avait pas encore conscience. Un échange, pas comme le monde reprenait quelque chose de précieux à quelqu'un mais c'était tout simplement l'expression d'un amour entre un Père et sa fille, d'une réconciliation de cœur. Bonheur se mit à s'intéresser sérieusement aux choses de Dieu. Je cite quelques exemples : lire le nouveau testament et des ouvrages chrétiens, regarder des émissions de témoignages sur les miracles de Dieu, et même sympathiser avec ceux qui adorent le vrai Dieu. De plus en plus elle apprenait quelque chose de merveilleux. Les paroles de chants et cantiques adressés à Dieu, l'enchantaient. Elle ne saurait comment décrire toutes ces sensations qui faisaient vibrer son cœur vide d'émotions d'autrefois. Bref, j'étais en train de vous dire que Bonheur avait commencé à fréquenter des amis chrétiens d'une église au grand « E ». Des jours et des mois passaient. Cette nouvelle fréquentation portait son fruit dans son cœur. Un soir du dernier jour de l'année deux mille un, Bonheur se rendit à l'église sur invitation d'un ami chrétien. Assise et attentive, elle était arrivée avant tous et était contente. C'était sa première fois de prendre à cœur une veillée de prière. Pendant son office, le serviteur de Dieu demanda à son peuple d'adresser un vœu à l'Eternel Dieu. Il était minuit moins trois minutes et il fallait prier en faisant un vœu. Que fallait-il dire ? Car Bonheur n'avait jamais faire de véritable vœu dans sa vie. Elle savait que ce vœu pouvait changer sa vie et le cours de son histoire. Elle respira d'un bon coup et attendait le top départ du pasteur. Et voilà ! Bonheur prononça son vœu à l'Eternel : « *Oh Dieu vivant, je te donne ma vie. Je veux t'appartenir pour le restant de ma vie. Je ne te connais pas et je veux te connaitre. Je veux être une vraie chrétienne et habiter dans ta maison. Je veux être une vraie adoratrice du Seigneur Jésus-Christ. Je veux que tu sois mon ami. Je t'aime parce que tu m'aimes. Je te le demande et t'en remercie au nom de ton fils Jésus-Chrsit. Amen !* » Tel fut le vœu de Bonheur. Elle ne comprit pas le sens réel de ces mots mais elle savait qu'elle devait les dire. Et à l'instant son cœur fut rempli de joie et de paix. (La paix dans son cœur fut un processus de délivrance). Bonheur comprit que quelque chose de merveilleux venait de se produire dans son cœur. La joie tant désirée ne la quittait plus. Après la prière, Bonheur était une nouvelle créature. C'était la Grâce de Dieu qui guérit toutes grâces. ... Avec Dieu, la vie change et une nouvelle histoire est prête à être écrite. Un stylo à la main, une feuille de papier blanc et vierge, un souffle et le top chrono est mis en marche pour une nouvelle et belle histoire. Toute l'histoire d'une vie est à nouveau écrite par le Créateur. La vie passée est effacée et le compteur est remis à zéro. Et tout reprendra vie dans une vie. Une véritable histoire de vie à contenir dans un catalogue en or.

L'HISTOIRE D'UNE RENCONTRE 2

Inspirée d'une histoire lue dans un livre intitulé *"la quatrième dimension"* du *Dr. David Yonggi Cho*, Bonheur se mit à écrire une lettre à Papa Dieu, son Créateur. Une lettre importante et décisive pour une demande en mariage après les résultats positifs de son examen en deux mille trois. Bien vrai que Bonheur n'avait qu'un an de conversion, elle pouvait déjà jouer au jeu de la foi qui déplace les montagnes. Elle se mit donc à écrire à son Père Céleste. ... Après l'avoir écrite, elle pria et confia ses sujets inscrits dans la lettre au Seigneur Dieu. C'était son secret. Oui un véritable secret qui s'est réalisé. Oh que c'est merveilleux de voir à chaque instant de sa vie la Main de Dieu dans ses projets. Tel était le cas de Bonheur dans ce projet de rencontre ou de mariage. Bonheur devrait comprendre qu'étant orpheline des deux parents, le Seigneur Dieu était, est et sera toujours son véritable Père. ... Bonheur commença à s'inquiéter au sujet de sa réponse à la lettre adressée à Papa Dieu parce que toutes les filles de son âge se mariaient. Le Seigneur l'interpella et lui demanda pourquoi Bonheur s'inquiétait de la sorte et c'est lui et lui seul qui donne un époux à sa fille. Le cœur consolé, Bonheur continuait ses études. Des jours, des mois, des années passaient, et elle commença à s'impatienter. On était maintenant à fin deux mille huit. Voilà Bonheur recrutée pour son premier « job » dans une entreprise privée. Quel bonheur de ne plus chômer et d'être utile pour la société voire son pays ! Avant que les inquiétudes du mariage arrivent, Bonheur eût un rêve. Dans ce songe, elle était à ses noces. Elle était belle et bien vêtue. Son cœur était dans la joie. Faisant son entrée dans la cour familiale, elle fut très bien accueillie et ovationnée par ses parents et ses sœurs ... réveillée avec le sourire aux lèvres, Bonheur comprit que Papa Dieu préparait un plan merveilleux pour elle. Un an plus tard, Bonheur revit ce même rêve mais cette fois-ci c'était au grand public qu'elle se présenta. Elle était somptueusement habillée, en or et parée de bijoux précieux. Tous l'ovationnaient et étaient dans la joie. Elle faisait son entrée majestueuse comme celle d'une reine. Réveillée cette fois-ci, ne comprenant rien à tout ça, elle se mit à bénir le Seigneur Dieu pour ses merveilles. ... Un an plus tard, elle rencontra un jeune homme ordinaire et calme par le biais d'un ami. Ces deux personnes finirent par sympathiser à distance. Le premier jour de leur échange, Bonheur comprit dès l'instant qu'une histoire devrait s'écrire ici. Sans même savoir qui était la personnalité de ce jeune homme. Elle eut simplement confiance en Dieu dans son cœur plein de secrets et de richesses. Elle ne comprit pas pourquoi cet instinct. Elle savait que la sagesse qui provenant de la source de vie ne trahit jamais. Des jours et des mois passaient. Leur première rencontre avait eu lieu au pays, dans un jardin public de la capitale, en deux mille neuf. Bonheur avait déjà eu des rendez-vous avec des jeunes hommes mais celui là était différent et spécial. Elle seule le savait car quelque chose se passait dans son cœur et Papa Dieu la voyait. Cette émotion était remplie de joie mais teintée de stress. Il y a eu le premier échange de regards, de sourire, de salutation, et une invitation à s'assoir. Les amis se sont mis à se raconter une et mille histoires comme s'ils se connaissaient depuis de belle lurette. Ils ne voyaient pas le temps passé et le temps était court pour Bonheur. Car elle devrait rentrer au domicile. C'était vraiment dommage qu'elle n'était pas maîtresse du temps. Puis vint la séparation amicale. Des jours, des semaines, des mois passaient et voici des décisions qui aboutissent à de merveilleux projets. Nous sommes maintenant en fin deux mille dix. La lettre de sentiment est déposée dans son église au grand « E ». Une fois cette démarche terminée, la fille et ses parents sont informés de la proposition de l'heureux prétendant. Et cela fut ainsi. Avec la crise électorale qu'a connue le pays, les démarches furent ralenties. En Août deux mille onze, la dot fut acceptée. La cérémonie organisée par les deux familles et des membres de l'église fut belle. Tant que le mariage civil n'était pas scellé, Bonheur devrait vivre sous le toit de ses parents. Un jour de deux mille douze, pendant que les parents de Bonheur faisaient leurs caprices de protection et de résistance, Bonheur eut un rêve dans lequel Papa Dieu lui expliquait que c'est lui qui tenait les rênes de sa vie. Dans ce songe, il y avait un très grand jeu de puzzle. Ce puzzle avait la taille d'une grande ville. Les pièces du puzzle étaient en désordre. Mais en un instant le Seigneur Dieu finit par les mettre en ordre. Il en ressortit une image très nette. Et la voix du consolateur, du meilleur conseiller, lui disait que désormais le Seigneur Dieu mettra de l'ordre dans sa vie à l'exemple de cette belle image. A son réveil, Bonheur était si heureuse de cette bonne nouvelle qui venait de Papa Dieu. Elle avait besoin de cet encouragement. Car voyant le mariage comme une aventure, elle avait un peu peur. Tout a commencé à rentrer dans l'ordre dans sa vie. La célébration de son mariage s'était bien déroulée et la cérémonie était belle. Car Papa Dieu a fait au-delà de ce qu'on croyait et même pensait. C'était le cinq mai. Bonheur était très heureuse car elle avait réussi son pari avec le Seigneur Dieu. Ce pari était de rester vierge jusqu'au mariage. Bonheur l'a été et s'était mariée dans sa trente deuxième année de vie sur terre. (Bonheur avait l'aspect d'une fille de vingt cinq ans). Encore adolescente, elle fit ce vœu, et Papa Dieu l'avait soutenue tout ce temps. Ce n'était pas facile pour elle avec les jeunes filles de son âge. ... Devant ce tableau, Bonheur refusa les avances des camarades, des élèves, des instituteurs, des professeurs, et même de soi disant parentés. Elle a été souvent battue parce qu'elle refusait les avances tout simplement. Et gloire soit rendue à notre Dieu qui a fait ce miracle. Il a changé sa douleur en joie. Il a effacé la peur et pour y placer l'amour. Pour finir cette histoire, Bonheur adressa à Papa Dieu, une lettre qui exprimait un simple désir de son cœur devant le Seigneur Dieu. Celui d'avoir un *homme de bien, plein d'Esprit Saint et de foi*, et bien d'autres secrets. Oh que c'est merveilleux d'appartenir au Seigneur Jésus-Christ !

Esaïe 62v3-4

Actes 11v24a

LES LETTRES

Emerveillée par une idée provenant d'une brochure, Bonheur se mit à rédiger une lettre à son Papa Dieu, Créateur du ciel et de la terre. Elle avait l'habitude de lui écrire des lettres et ce depuis sa conversion à Jésus-Christ. Elle trouvait cela amusant et passionnant. C'était aussi un moyen pour elle de prier en lui écrivant ces mots qui venaient du plus profond de son cœur. Sa première lettre était une lettre d'amour adressée à Papa Dieu. Quand elle écrivait ses lettres, une concentration profonde naissait d'elle. C'était comme si son âme était directement connectée à une énergie supérieure. Elle le faisait avec une grande inspiration comme poussée par le Saint-Esprit qui est le consolateur. Elle pouvait le sentir tout près, juste à ses côtés comme le médiateur et l'adresse postale. Elle était si belle quand elle écrivait car une force et une chaleur dégageaient de son cœur et de tout son être entier. C'était comme une fibration, un courant d'air qui circulait tout le long de son corps pour l'amener dans la présence de Papa Dieu. Elle pouvait aussi sentir son cerveau en pleine activité se fiant à l'inspiration. Ses lettres étaient pour Bonheur, comme quelque chose qui bouillait dans son cœur. Une atmosphère angélique l'environnait d'une douce présence. Bonheur pouvait passer du temps à écrire quand ces moments-là se présentaient à elle. Elle ne se souciait pas du temps car en ces moments-là le temps n'avait plus d'importance. Le temps était comme quasi inexistant. Elle pouvait passer des heures à prier en écrivant sans se lasser et plus que ses autres méthodes de prière. Elle était comme dans une paix absolue, un monde imaginaire. Un monde dans lequel elle ne sentait que les vibrations de son corps. Et les mots coulaient comme de l'eau et d'une inspiration incroyable. La première fois, c'était du jeu pour elle. Un jour, une de ses lettres est révélée à un de ses amis. Ce fut alors une grande joie pour Bonheur qui comprit que Papa Dieu voyait et lisait ses lettres... Elle avait pour seule adresse postale « Saint-Esprit ». C'était le seul moyen de transport de ses lettres. Pour elle, ces lettres constituaient un soulagement de son âme chargée d'émotions de tout genre. Ces moments étaient comme du cœur à cœur avec papa Dieu. A la fin de ses lettres, quand elle mettait le point final, c'était comme si son âme recevait la restauration de l'Esprit de Dieu. Elle comprit que ses lettres étaient une autre façon pour elle de s'adresser à Papa Dieu. C'était juste des prières sincères et vraies provenant d'un cœur pur. Elle se mit alors à réfléchir sur la façon dont a été écrite la Bible, parole vivante de Dieu. Parole qui avait été inspirée par Dieu au travers de son Esprit Saint à ses serviteurs les apôtres. Car elle-même le dit en son sein que *toute Ecriture est inspirée de Dieu, et utile pour enseigner, pour convaincre, pour corriger, pour instruire dans la justice.*

2 Timothée 3 V 16

L'HEURE DE LA VISION

« *Si Dieu a mis un rêve dans ton cœur, écris-le, garde-le comme un trésor. Quoi qu'on dise protège la vision avec passion. Quand tu sais de tout ton cœur que ce rêve ne vient pas toi, même si tu ne vois que le contraire, persévère. Persévère car elle s'accomplira certainement. Si dans ton cœur est réelle cette promesse ; quand vient le doute ; lève-toi et confesse que Dieu est vrai et que sa parole demeure éternelle. Car ce qu'il promet mon frère et ma sœur n'est jamais vain, toujours fidèle et son chemin certain. Même si les choses semblent n'aboutir à rien, persévère. Quand il dit, la chose arrive et quand il ordonne, elle existe. Son regard est sur ceux qui lui appartiennent…persévère car sa parole s'accomplira certainement* ». Paroles de chanson de l'artiste Olivier Cheuwa (Album : Nouveau départ/ titre : Persévère).

Oui et Amen car la parole de Dieu s'accomplira certainement. Ces paroles de chanson décrivent un peu ce sous titre. Bonheur ne saura comment vous expliquer cette vision sans chanter cette chanson. Et sans vous dire que ces paroles lui ont apporté réconfort et courage. Pour elle, cette chanson décrit quelques lignes de sa vision: *des personnes loin de Dieu sans guide et sans espoir, un camarade atteint de cécité due à une maladie, une rencontre avec une sourde-muette, une visite à l'orphelinat, une visite à la pouponnière, une visite à l'hôpital psychiatrique et une visite à la plus grande prison de son Etat.* Ces images sont pour elle des sujets à traiter dans son beau pays et partout ailleurs. Ces sujets sont une partie de sa réflexion : Qu'est-ce qui peut être fait pour améliorer les conditions de vie de ces personnes visées ? Pour l'instant elle voit quelque chose se dessiner à l'horizon. Mais un jour ce dessin deviendra une réalité et une histoire à écrire. Et cette histoire, se racontera de génération en génération. Sans exagérer, elle imagine un plan de faisabilité et persévère encore et toujours. Car elle est convaincue que les promesses de Papa Dieu se réaliseront certainement. Pleine d'assurance et d'espérance, Bonheur attend l'heure de la vision. Bonheur refuse de se presser car cette œuvre n'est pas d'elle-même. Elle est du Seigneur Dieu qui donne le top départ en son temps. Et vous, sachez que *l'heure de Dieu est toujours la meilleure* car il fait toute chose bonne en son temps. Pour ce qui est de l'heure, Bonheur appelle les investisseurs, les donateurs, les sponsors et même toute personne intéressée à se joindre à ces projets historiques. Il y a beaucoup à faire pour que ces projets puissent voir le jour. Pour elle, s'il y a des hommes pour détruire avec l'intelligence humaine, alors il y aura des hommes pour réparer avec l'intelligence et l'aide de Dieu. Soyons de la classe supérieure de ceux qui bâtissent avec le Seigneur Jésus-Christ. Et non de la classe inférieure de ceux qui détruisent. Car *le monde entier attend avec un ardent désir la manifestation des fils de Dieu*. Bonheur, vous et moi, sommes la lumière du monde. Produisons donc de l'éclat autour de nous. Nous sommes de même le sel de la terre. Apportons de la saveur au mode de vie afin d'améliorer certaines conditions de vie. Il ne nous sera pas demandé un geste au-delà de notre capacité ou nos moyens. Mais juste ce que nous pouvons apporter pour embellir la vie de ceux qui en ont le plus besoin ou même de notre prochain.

Ecclésiaste 3v11

LA PETITE POESIE

« Je chanterai l'Eternel tant que je vivrai, je célébrerai mon Dieu tant que j'existerai ». Psaumes

Bonheur se présente à toi Seigneur Dieu et Père comme un enfant :

Comme un enfant, elle chantera toujours tes bienfaits

Comme un enfant, elle célébrera ta grandeur, ta majesté

Comme un enfant, elle ne se lassera pas de danser devant ta face

Comme un enfant, elle apprendra tous les jours à tes pieds

Comme un enfant, elle écoutera tes instructions

Comme un enfant, elle marchera dans tes pas

Comme un enfant, elle s'émerveillera devant tes merveilles

Comme un enfant, elle ne doutera point de tes promesses

Comme un enfant, elle sautera devant ta puissance

Comme un enfant, elle obéira à ta parole

Comme un enfant, elle méditera sur ta vérité

Comme un enfant, elle sera enseignée par le Maître

Comme un enfant, elle ira à l'école du Seigneur

Comme un enfant, elle dépendra de la vie de Jésus-Christ

Comme un enfant, elle se réjouira du rachat de Jésus-Christ

Comme un enfant, elle croira en toi

Comme un enfant, elle soupira auprès de toi

Comme un enfant, elle ne s'éloignera pas de ton troupeau

Comme un enfant, elle aura de beaux pieds et de belles mains

Comme un enfant, elle apprendra à semer dans les vies

Comme un enfant, elle te suivra partout où tu iras

Comme un enfant, elle te servira de tout son cœur

Comme un enfant, elle tiendra ta main sur le chemin

Comme un enfant, elle sera toujours éclairée par ta lumière

Comme un enfant, elle s'enfuira loin du chemin en feu

Comme un enfant, elle se méfiera du lion dévoreur

Comme un enfant, elle ne sera pas prise au piège du péché

Comme un enfant, elle se couvrira dans le sang de Jésus

Comme un enfant, elle aura toujours confiance en ton Saint Nom

Comme un enfant, elle s'attachera à l'Esprit de vérité

Comme un enfant, elle sera consolée par le consolateur

Comme un enfant, elle se cachera sous l'ombre de tes ailes

Comme un enfant, elle prendra des ailes pour s'envoler

Comme un enfant, elle espèrera en un avenir meilleur

Comme un enfant, elle se parera de son plus beau sourire

Comme un enfant, elle se vêtira de son pur et beau vêtement

Comme un enfant, elle enfilera son vêtement de fête

Comme un enfant, elle s'enchantera au son de ta voix

Comme un enfant, elle visitera ton plus beau jardin

Comme un enfant, elle rêvera encore d'une vie en rêve

Comme un enfant, elle apprendra à t'aimer sans condition

Comme un enfant, elle sait que tu l'aimeras encore et toujours

Comme un enfant, elle te sera éternellement reconnaissante…

CONCLUSION

Nous y voilà à la fin de ces histoires écrites, à la fin de cette série d'aventure entre rêve et réalité. J'ai appris à retourner dans les souvenirs positifs et prometteurs de Bonheur. C'est ainsi que j'ai eu des ailes à parcourir mes souvenirs. Ce geste m'a procuré une paix véritable, et l'assurance d'un avenir meilleur. De même retournez, fouillez dans vos souvenirs et vous verrez qu'il y a au tréfonds de votre cœur, un trésor. Ce trésor provient de la source de vie. La source de vie écrira votre histoire qui deviendra une richesse enfouie. Et de tous les temps, les plus belles histoires se racontent toujours. Sachez, par-dessus tout que la fin d'une histoire est le commencement d'une nouvelle histoire.

Merci à vous pour cette lecture. Et soyez bénis au nom de notre Seigneur Jésus-Christ.

« AMEN ! »

TABLE DE MATIERES

DEDICACE……………………………………………………………………….1

REMERCIEMENTS……………………………………………………………..2

INTRODUCTION…………………………………………………………………3

Première partie : Rêve……………………………………………………….4

1-Seule au monde……………………………………………………...…….5

2-Le marathon……………………………………………………………….7

3-Le voyage inhabituel……………………………………………...……….9

4-Les conversations inhabituelles………………………………………...11

5-Anges et démons ………………………………………………………..14

      Présence et Présence……………………………………….…...14

6-La vision de l'aigle………………………………………………………..16

7-Le catalogue d'une vie en rêve…………………………………….…...18

Deuxième partie : Réalité……………………………………..…………..23

1-Il était une fois la peur………………………………………….………..24

2-Le jeu-épreuve……………………………………………….…………..28

      L'arc-en-ciel……………………………………………….………..28

      Les mots magiques……………………………………….………..29

      Les animaux……………………………………………......………30

3-Le cœur……………………………………………………….…………..33

      Le combat intérieur……………………………..……….………..33

      Le vide comblé……………………………………………....……..35

4-L'histoire d'une rencontre 1……………………………………………..37

5-L'histoire d'une rencontre 2……………………………………………………41

6-Les lettres……………………………………………………………………44

7-L'heure de la vision……………………………………………………………46

8-La petite poésie………………………………………………………………48

CONCLUSION……………………………………………………………………50

MOTS DE FIN……………………………………………………………………51

TABLE DE MATIERES……………………………………………………………52

Oui, je veux morebooks!

I want morebooks!

Buy your books fast and straightforward online - at one of the world's fastest growing online book stores! Environmentally sound due to Print-on-Demand technologies.

Buy your books online at

www.get-morebooks.com

Achetez vos livres en ligne, vite et bien, sur l'une des librairies en ligne les plus performantes au monde!
En protégeant nos ressources et notre environnement grâce à l'impression à la demande.

La librairie en ligne pour acheter plus vite

www.morebooks.fr

OmniScriptum Marketing DEU GmbH
Heinrich-Böcking-Str. 6-8
D - 66121 Saarbrücken
Telefax: +49 681 93 81 567-9

info@omniscriptum.com
www.omniscriptum.com

www.ingramcontent.com/pod-product-compliance
Lightning Source LLC
Chambersburg PA
CBHW031244160426
43195CB00009BA/589